où va la neige

texte et illustrations
Patrick Evans

Les 400 coups

Beaucoup de **neige** tombe sur Montréal mais, dès qu'elle touche le sol, elle est pelletée et disparaît.

Où va-t-elle ?

J'ai entendu dire qu'elle est transportée vers une énorme montagne de **neige**, une montagne si grande et si froide qu'elle ne fond jamais, même pas l'été.

Ça, il faut que je le voie !

Dans les locaux de la Ville, je parle avec un ingénieur en gestion des déchets. Il ne m'indique pas où est la montagne de **neige**, mais il me montre cette carte. C'est une carte qui explique comment les camions déplacent la **neige** depuis les quartiers habités jusqu'aux dépotoirs, situés à l'extérieur de la ville.

Je suis triste d'apprendre que l'on se débarrasse de la **neige** comme d'un déchet, mais je reste attentif en espérant trouver des indices pour me rendre à la montagne de **neige**.

Ensuite viennent les chiffres.

Montréal dépense 60 millions de dollars par année pour le déneigement. Plus de 2 000 kilomètres de route et 3 000 kilomètres de trottoir

sont dégagés chaque fois qu'il **neige**. Au cours de l'hiver, les camions effectuent 300 000 chargements de **neige**. Mais quelle quantité cela représente-t-il ?

Sept millions de mètres cubes.

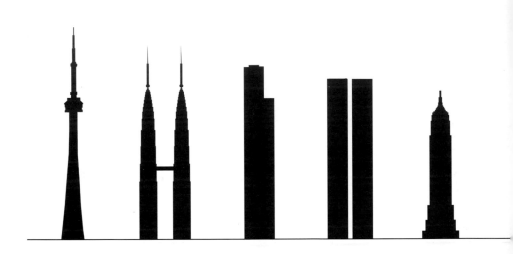

Autant que ça !

Je décide de suivre un camion.

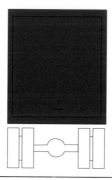

Il parcourt une grande distance pour se rendre jusqu'aux limites de la ville, où il décharge finalement la **neige**…

144515

... dans une immense carrière.

La carrière est vraiment impressionnante, mais je cherche toujours la montagne de **neige**. Je suis donc un autre camion.

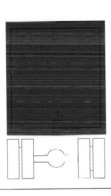

Celui-ci me conduit jusqu'à une énorme masse noire.

Oh non ! Est-ce possible ?

La montagne de **neige**, sale et polluée!

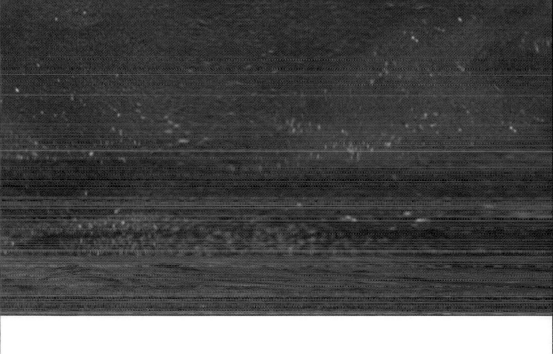

Tous mes rêves et espoirs sont anéantis.

Je décide d'aller voir ça de plus près !

Avec ma combinaison protectrice,
je commence à analyser les différentes
zones de la montagne.

Je réalise que sous la croûte de saleté
il y a de la **neige** plus claire, plus légère.

Je commence à creuser.

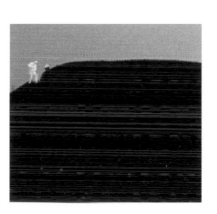

Je creuse,
je creuse,
et creuse encore…

… jusqu'à ce que j'atteigne de la **neige** légère et blanche.

À l'intérieur de la montagne, je découvre un réseau de tunnels et de fissures créés par la fonte de la **neige**.
Je m'avance le long d'un des tunnels.

J'arrive au bord d'une crevasse géante, si profonde et si noire qu'on dirait qu'elle n'a pas de fond. Tout à coup, mon pied glisse sur le sol glacé…

Je tombe dans le vide.

Je tombe,
je tombe,
je tombe…

Je tombe toujours
plus bas, pendant
si longtemps…

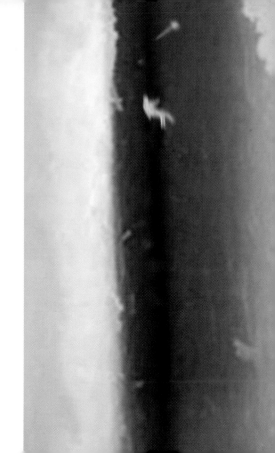

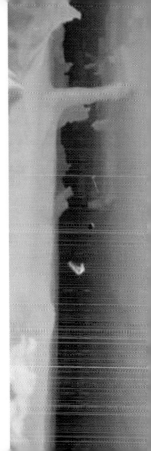

… que je commence
à être fatigué.

Je bascule dans le sommeil

et me mets à rêver…

Je rêve aux milliers de déneigeuses
qui transportent la **neige** en dehors
de la ville jusqu'à la montagne.

Je me demande s'il n'y aurait pas
quelque chose de mieux à faire
avec toute cette **neige**.

Je rêve alors

de construire des maisons de **neige** dans

les lots vacants de mon quartier.

Je rêve d'un grand mur de **neige** autour

de la ville qui délimiterait son territoire.

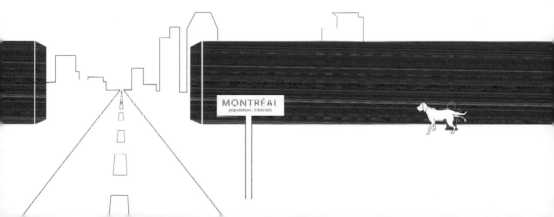

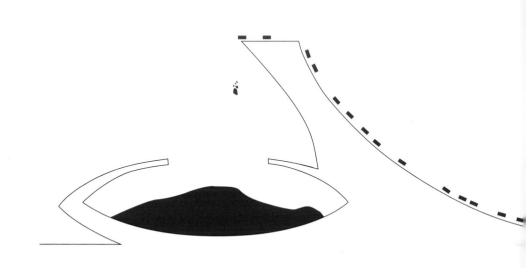

Je rêve de déposer la **neige**
dans un grand stade vide.

Je suis toujours en train de tomber dans le vide et je flotte d'un rêve à l'autre.

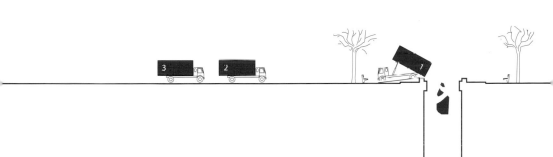

Je finis par rêver que la **neige**
remplit une fosse construite
spécialement pour elle au
milieu d'un parc.

Peu à peu, tout au long de l'hiver, la **neige** s'accumulerait et formerait un énorme bloc de glace sous la terre. Lorsque l'été arriverait, la **neige** fondrait, le bloc se détacherait, remonterait à la surface et flotterait comme un iceberg dans la mer.

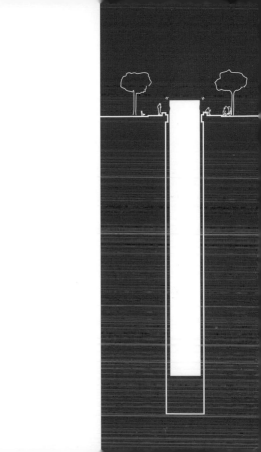

Un parc qui resterait frais
tout au long de l'été!

Plouf!

Je me réveille, tête première dans l'eau glacée, au fond de la crevasse géante.

Autour de moi flottent des blocs de glace, des morceaux de bois, des sacs de plastique et autres déchets de la montagne de **neige**. J'ai froid, je suis mouillé et coincé dans un trou.

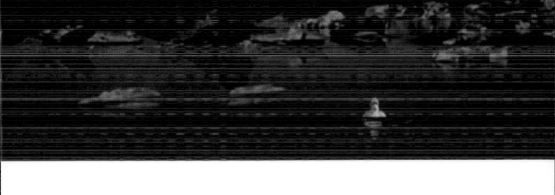

Que faire ?

Je me rappelle mon dernier
rêve à propos du bloc
de **neige** et j'ai une idée.
Je vais flotter pour sortir
de cet endroit !

J'attache ensemble
plusieurs sacs
de plastique pour
fabriquer une sorte
de ballon-flotteur géant.

Je remonte, je remonte, je sors de la crevasse et m'élève au-dessus de la montagne de **neige**.

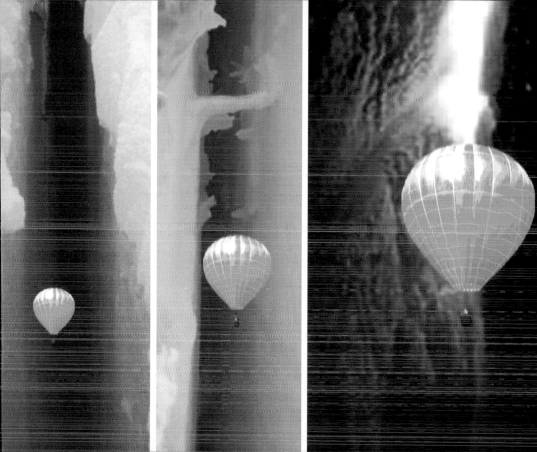

Quelle aventure !

La prochaine fois que la neige tombera,

je me souviendrai où elle va.

Nous remercions le Conseil des Arts du Canada de l'aide accordée à notre programme de publication et la SODEC pour son appui financier en vertu du Programme d'aide aux entreprises du livre et de l'édition spécialisée.

Nous reconnaissons l'aide financière du gouvernement du Canada par l'entremise du Programme d'aide au développement de l'industrie de l'édition (PADIÉ) pour nos activités d'édition.

où va la neige
a été publié sous la direction
d'Andrée Lauzon.

Traduit de l'anglais par
Christina Contandriopoulos
Révision : Micheline Dussault
Correction : Anne-Marie Théorêt

Crédits photo
Page 31 : Mark Brackebusch
Page 34 : Mary-Lou Wallace
Pages 37 et 39 : Rowena Lohman

Diffusion au Canada
Diffusion Dimedia inc.
539, boul. Lebeau
Saint-Laurent (Québec) H4N 1S2

Diffusion en Europe
Le Seuil

© 2005 Patrick Evans et les éditions Les 400 coups, Montréal (Canada)

Dépôt légal – 1er trimestre 2005
Bibliothèque nationale du Québec
Bibliothèque et Archives Canada

Données de catalogage avant publication (Canada)

Evans, Patrick, 1974-
[Where the snow goes. Français]
   Où va la neige / texte et illustrations, Patrick
Evans ; traduit de l'anglais par Christina Contandriopoulos.

Traduction de : Where the snow goes.

ISBN 2-89540-201-9

   I. Contandriopoulos, Christina II. Titre.
III. Titre : Where the snow goes. Français.

PS8609.V339W4414 2004   C813'.6   C2004-907106-8

Imprimé au Canada sur les presses de Litho Mille-Îles ltée